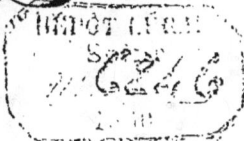

LES

NOUVELLES BOMBES

BOMBE A PERCUSSION INTERNE

ET

BOMBE DE SECOND ÉCLAT

PAR

TOMMASO LANDI

PARIS

IMPRIMERIE DE CH. JOUAUST

RUE SAINT-HONORÉ, 338

1860

LES

NOUVELLES BOMBES

LES

NOUVELLES BOMBES

BOMBE A PERCUSSION INTERNE

ET

BOMBE DE SECOND ÉCLAT

PAR

TOMMASO LANDI

PARIS

IMPRIMERIE DE CH. JOUAUST

RUE SAINT-HONORÉ, 338

—

1860

LA BOMBE A PERCUSSION INTERNE

I

Nous nous occupons de bombes, parce que les bombes servent non-seulement à dévaster les cités, mais encore à prendre les forteresses.

En outre de l'objet général que nous avions en vue lorsque nous avons conçu les perfectionnements nouveaux qui pouvaient rendre plus efficaces les effets de ce projectile, nous avions transitoirement la pensée de contribuer à la libération de notre patrie. C'est en effet par les forteresses, et surtout par la citadelle de Messine, que les rois

de Naples tenaient la Sicile sous la verge de l'oppression.
A l'heure présente, la Sicile est presque totalement déli-
vrée. Un moment nous avions cru, sur la foi des jour-
naux, que Messine était évacuée. Sa citadelle tient encore. Puissent nos bombes arriver à temps pour faciliter
le triomphe des libérateurs! Mais leur destination peut
aussi favoriser les résultats ultérieurs qui sont dans leurs
pensées : car Venise reste encore au pouvoir de l'Autri-
che, qui n'a pas abandonné ses antiques plans sur l'Italie, sur laquelle ses forces tiennent la menace suspendue :
car elle y possède encore le formidable quadrilatère.

Les bombes actuelles, telles qu'elles sont faites, ne sont
pas d'une grande valeur contre les forteresses.

Elles effondrent, incendient, mais elles détruisent peu
d'hommes.

Contre les forteresses, la bombe n'a d'action princi-
palement que par ses éclats, en frappant les artilleurs
qui se trouvent réunis en petit nombre et à découvert sur
les batteries.

Les bombes actuelles, outre qu'elles ne possèdent pas
la précision pour frapper juste dans des espaces étroits et
resserrés, ou bien n'éclatent pas, ou éclatent avec peu de
fragments, et presque toujours tardivement.

La bombe qui éclate après sa chute reste visible et peut
être évitée; ou si elle s'enfonce dans la terre, elle n'est
plus meurtrière.

II

Ces défauts des bombes proviennent tous de la fusée,
qui les rend difficiles à charger, les expose à prendre feu

par l'éclat d'autres bombes, et, pendant la nuit, trahit leur présence.

Les fusées faites de poudre pétrie s'altèrent facilement par la vétusté, la mauvaise confection et mille autres causes accidentelles.

Leur flamme ne pénètre pas vivement les interstices de la poudre; elle n'en allume pas simultanément une grande quantité, elle ne développe pas toute la force du gaz autant qu'il le faudrait pour surprendre la bombe avant qu'elle crève et la faire voler en nombreux éclats.

Situées à l'extérieur de la bombe, elles produisent une détermination, un souffle, une lumière qui complique le service, les rend visibles la nuit et trouble la direction de l'impulsion primitive.

Elles réclament une telle précision de mesure dans la détermination du temps que, malgré toute la confiance qu'on peut fonder sur leurs fallacieuses données, on ne peut jamais compter sur leur exactitude.

Les méthodes trigonométriques ne donnent les distances qu'approximativement. Les trajectoires varient avec l'angle d'inclinaison du tir. Les fusées ne brûlent pas toutes, ni toujours avec la même rapidité, la même uniformité. La vélocité de la bombe varie avec la quantité et la qualité de la poudre de la charge, et mille autres causes imprévues et involontaires.

III

Nos bombes n'ont aucune de ces défectuosités; elles vont droit comme des balles pleines, elles éclatent avec vigueur et éclatent en arrivant.

Promptes, closes, invisibles, elles sont très faciles à établir.

Elles peuvent, sans changer le matériel, se faire avec les bombes existantes, moyennant la simple substitution d'une pièce.

Leur système s'applique aussi également aux grenades à main, et elle en rend l'usage aussi facile et sûr pour en faire, suivant leur office naturel, l'arme de l'indépendance et du peuple.

IV

Nos bombes sont à capsule fulminante, comme le fusil.

Mais cette capsule n'est pas attachée à l'extérieur, comme dans le projectile Devisme ou la grenade Orsini.

Le projectile Devisme, qui est une balle de plomb, pleine de poudre avec une capsule en pointe, pour incendier au loin des caissons de poudre, supporte cette disposition, parce que le projectile est petit, de forme conique et tiré à carabine rayée qui la lance de manière à battre droit sur la capsule.

La grenade Orsini la supporte encore à un certain point, parce qu'elle est d'un usage exceptionnel, tirée à main, et faite plus pesante du côté où elle doit tomber.

Mais la bombe de guerre, qui est un projectile volumineux et pesant, et qui, après sa sortie du mortier, tourne naturellement dans l'air, ne peut s'accommoder d'une capsule externe.

Elle compliquerait le service, troublerait le tir, exposerait la vie des artilleurs, et exigerait dans la construction des bombes et des mortiers des changements de forme qui ne peuvent se faire.

Dans notre bombe, la capsule est intérieure.

Elle est fixée, en forme de deux dés, sur les deux extrémités d'un petit cylindre de fer à pointe arrondie.

Ce petit cylindre ballotte librement entre la bombe et dans une espèce de chambre.

En vertu de son poids et de sa vélocité, quand la bombe bat, il frappe par contre-coup contre les parois de la chambre, et, par le fait de sa forme, il prend feu sur toutes ses faces.

Cette disposition en vertu de laquelle la capsule peut s'appliquer à la bombe est celle que nous appelons *percussion interne*, qui est le vrai principe de notre système.

V

Les détails de ce système sont les suivants :

Après que la bombe est chargée de poudre, on y introduit par la bouche et on y fixe au maillet un tube de fer d'égal calibre, et assez long pour la traverser tout entière.

Ce tube, à sa partie inférieure, est bouché avec une cheville de bois fixe, et à la partie supérieure par un tampon également de bois qui s'enlève et se remet à volonté.

L'espace vide qui reste au milieu du tube, entre le tampon et la cheville, forme une chambre à l'intérieur de laquelle, quand on tire la bombe, on introduit le petit cylindre avec les capsules.

Deux clous, à tête plate, placés à l'extrémité du tampon et de la cheville, forment la chambre, toute de fer, et contribuent à faciliter l'inflammation de la capsule.

Le même clou, saillant en forme de bouton sur la tête du tampon, sert à l'arrêter, afin qu'il n'entre pas dans le tube plus qu'il ne faut.

Divers trous pratiqués à l'entour du milieu du tube font communiquer la chambre avec la poudre.

Un revêtement externe de papier empêche la poudre de s'introduire par ces trous dans la chambre. Quant aux capsules, pour mieux les conserver, on ne les applique sur le petit cylindre qu'au besoin.

Par mesure de prudence, le petit cylindre garni de ses capsules ne se met dans la bombe que lorsqu'on la tire.

LA BOMBE DE SECOND ÉCLAT

I

La propriété caractéristique de cette autre bombe est d'éclater sur la terre à la hauteur qu'on veut.

Elle tombe, rebondit, et fait explosion.

On peut en faire un usage très avantageux dans les batailles, en la faisant éclater au milieu des masses à ceinture d'homme.

Si, comme nous le croyons, le rebondissement de cette bombe doit aussi avoir lieu sur l'eau, elle serait avantageuse dans les combats sur mer.

Par son rebondissement, elle ferait beaucoup de dégât sur les flancs et sur le pont du navire, alors même qu'elle ne l'aurait pas atteint dans le corps.

Mais le principal emploi et le plus direct de cette bombe est dans les siéges des forteresses.

Elle tombe sur les esplanades, elle tombe dans les fossés, domine toujours les batteries et les blindages, et éclate sur la tête des artilleurs.

Sans qu'il soit besoin d'un nouveau matériel, on fait cette bombe avec les bombes ordinaires, par le remplacement d'une pièce.

Ou bien, si on voulait l'établir d'une façon spéciale, on pourrait la faire encore plus destructive.

Il suffit de la fondre à épaisseur inégale, afin qu'elle éclate en majeure partie par le bas, et de la garnir de petites balles, d'après le système Shrapnells, pour augmenter le nombre des projectiles.

II

Cette bombe, après qu'elle a été chargée, se garnit d'un tube de fer qui ne diffère de celui de la bombe précédente qu'en ce qu'au lieu d'être forée au centre, elle l'est à l'extrémité, et sans revêtement.

Dans ce tube, lorsqu'on veut tirer, on introduit le même petit cylindre qu'à l'autre bombe, avec cette seule différence que le petit cylindre est enclos dans une boîte tubulaire en tôle avec deux trous de communication à l'extrémité.

Ici, à la place de la cheville, est une fusée courte tenant à un tube de fer-blanc plein de poudre d'artifice.

Ici, à la place du tampon, est une grenade tubulaire formée d'une canne épaisse de fer avec une ouverture de communication à l'extrémité, remplie de poudre de chasse, toute d'une seule pièce, ou close à vis, avec une tête en saillie et une rainure externe de ce côté.

III

L'effet de cette bombe est facile à comprendre.

La bombe est plus pesante du côté de la grenade, et tombe naturellement de ce côté.

Sa chute allume la matière fulminante; la matière fulminante embrase simultanément la fusée et la grenade.

La grenade se brise en deux au point faible de sa rainure.

La force de cette rupture (qui est proportionnelle à la section transversale de la grenade sur ce point, et à la force de cohésion de la matière) se divise en raison des masses sur l'éclat et sur la bombe.

La bombe fait un bond d'une hauteur proportionnelle, et la fusée, qui est mesurée sur la même proportion, la fait éclater à la même hauteur.

NOTE

Le projet de ces deux bombes fut présenté à Son Excellence Monsieur le Ministre actuel de la guerre, en juin de l'année dernière, à l'occasion de la guerre d'Italie.

Accueilli favorablement par une décision du 22 juin

1859, il fut soumis à l'examen de la commission d'artillerie.

La commission l'accueillit favorablement; mais, avant de procéder aux expériences, elle émit un doute, et nous invita, par une missive du 20 novembre, à lui donner des éclaircissements.

Le doute de la commission était que la bombe pouvait éclater dans le mortier au moment du tir et par le fait même de l'impulsion du tir.

Afin d'aplanir le doute de la commission, nous avions fait nous-même l'expérience suivante:

Afin de représenter en raccourci notre bombe, nous avions fait un tube de fer dans l'intérieur duquel nous avions mis un peu de poudre, et un cylindre de fer avec deux capsules à l'extrémité.

Après avoir mis ce tube dans un fusil, nous avons tiré contre un mur à distance.

Chaque fois que le tube a frappé, il a rendu de la fumée provenant de la petite quantité de poudre qu'il renfermait.

En variant la distance, la charge, les calibres, l'expérience a été toujours constante. Le fulminate ne s'enflamme jamais dans le canon, si ce n'est quand le projectile touche au mur.

Il ne pouvait en être autrement.

La poudre n'agit pas sur le projectile quand elle le chasse, comme agit l'obstacle quand il l'arrête.

La poudre, avec sa force élastique et graduelle, ne produit pas sur le projectile une véritable secousse, mais une simple impulsion d'accompagnement.

Une balle de plomb et même une balle de cire, tirées contre un petit carton, produisent un orifice rond; elles sortent du canon sans éprouver la moindre déformation ; elles ne s'aplatissent que quand elles frappent contre l'objet dur.

En outre, la sensibilité de la capsule fulminante peut se régler à volonté, en la mêlant en diverses proportions avec du salpêtre, ou de la poudre, comme on le fait pour les capsules de fusil, qui ne s'allument que sous la percussion forte et déterminée de la batterie.

Quelques épreuves sur la bombe vide suffisent pour établir la proportion de ce mélange.

Suivant cette méthode nous avons fait des capsules qui, dans l'intérieur d'une grenade, ne prenaient pas feu, même en laissant tomber la grenade d'un premier étage sur le pavé ; mais elles prenaient feu lorsqu'elles tombaient d'un quatrième étage.

Pour la bombe, comme elle est destinée à tomber d'une hauteur démesurée, il y a une grande latitude pour fixer cette sensibilité du fulminate.

Finalement, quand même quelque bombe viendrait à éclater dans le mortier, ce ne serait pas un fait dont on eût beaucoup à se préoccuper. Combien de fois avec des bombes ordinaires, soit parce que la fusée est mal fixée à l'orifice, soit parce que la bombe elle-même se rompt, combien de fois un pareil fait ne se présente-t-il pas ?

Le mortier qui est assez fort pour chasser la bombe entière est assez fort encore pour la chasser toute brisée, sans dommage pour les artilleurs.

2346 — Paris, imprimerie de Ch. Jouaust, rue Saint-Honoré, 338.

2511 — Paris, imprimerie Charles Jouaust, rue Saint-Honoré, 338.